Lucien F. Prud'homme, U.S. Naval Academy

Manual of Nautical Phrases

Lucien F. Prud'homme, U.S. Naval Academy

Manual of Nautical Phrases

ISBN/EAN: 9783337409135

Printed in Europe, USA, Canada, Australia, Japan

Cover: Foto ©Andreas Hilbeck / pixelio.de

More available books at **www.hansebooks.com**

UNITED STATES NAVAL ACADEMY.

MANUAL OF NAUTICAL PHRASES.

COMPILED BY

PROF. L. F. PRUD'HOMME, U. S. N.

1869.

MANUAL OF NAUTICAL PHRASES.

Admiral, the........ordered us to come on board of his ship.
L'amiral............nous ordonna de venir à son bord.
Vice-admiral........He was promoted to the rank of admiral.
Vice-amiral...........Il a été promu au grade d'amiral.
Rear-admiral........The fleet was under command of a rear-admiral.
Contre-amiral........La flotte était commandée par un contre-amiral.
Commodore.........The commodore convened a council of war.
Chef d'escadre.......Le chef d'escadre assembla un conseil de guerre.
That captain........commands a fine vessel.
Ce capitaine.........commande un beau bâtiment.
Lieutenant..........The lieutenant has been wounded.
Lieutenant ....Le lieutenant a été blessé.
Master............. Our master is a good navigator.
Maître..............Notre maître est un bon navigateur.
Ensign ....The ensign was the first to board the enemy.
Enseigne de vaisseau..L'enseigne fut le premier qui aborda l'ennemi.
Midshipman ....This young midshipman displayed great courage.
Aspirant............Ce jeune aspirant a déployé une grande bravoure.
Surgeon ....Our surgeon died during the cruise.
Chirurgien ....Notre chirurgien est mort pendant la croisière.
Paymaster..........He is on shore.
Officier payeur.......Il est à terre.

A.

Aback.	Sur le mât.
To lay all flat aback.	Masquer partout.
Abaft.	En arrière.
Abandoned by the crew.	Abandonné par l'équipage.
Admiralty.	Amirauté.
Adrift.	En dérive.
Afloat forward.	À flot de l'avant.
After-guard.	Les hommes du gaillard d'arrière.
"All hands."	"En haut tout le monde."
Allowance.	Ration.
"All hands about ship."	"Tout le monde sur le pont pour virer."
"All hands loose sails."	"Tout le monde en haut à larguer les voiles."
Aloft.	En haut.
Alter the course, to.	Changer la route.
"All hands reef topsails."	"Tout le monde en haut à prendre les ris."

4

Chaplain ....The chaplain is seasick.
Aumônier ....L'aumônier a le mal de mer.
Marine officer ....He has charge of the marines.
Officier des soldats de marine.Il a sous ses ordres les soldats de l'infanterie de marine.
Engineers ....are placed on steamers.
Les ingénieurs ....sont placés à bord des bâtiments à vapeur.
Naval constructor ....There is a naval constructor at the Naval Academy.
Ingénieur constructeur ......Il y a un ingénieur constructeur à l'école navale.
Warrant officers...........Our warrant officers are excellent.
Officier marinier ....Nos officiers mariniers sont excellents.
Boatswain ....The boatswain must be a very reliable man.
Maître d'équipage ....Le maître d'équipage doit être un homme sur lequel on puisse compter.
Gunner...................The gunner fired the morning gun.
Maître-canonnier ....Le maître-canonnier tira le canon de diane.
The carpenter.............has charge of the carpenter's gang.
Le maître-charpentier.......dirige l'escouade des charpentiers.
The sailmaker ....takes care of the sails.
Le maître-voilier ....prend soin de la voilure.
Sailors ....Three of the most mutinous sailors were hanged.
Matelots ....Trois matelots des plus mutins furent pendus.
Boy ....There are several boys on board of a man-of-war.
Mousse ....Il y a plusieurs mousses à bord d'un bâtiment de guerre.

"All hands shorten sail."

Amidships.
Anchor is atrip.
Anchor, to cat the.
Anchor, to secure the.
"The anchor is aweigh."
Answer.
Are there any papers and letters for our ship?
Are the yards squared by the lifts?

Astern.
Athwart.
Standing athwart our course.
Avast.
Aweather.
Awning.

"Tout le monde en haut pour diminuer de voiles."
Au milieu du navire.
L'ancre a dérapé.
Caponner l'ancre.
Saisir l'ancre contre son bord.
"L'ancre est levée."
Répondre.
Y a-t-il des journaux et des lettres pour notre bord?
Les vergues sont-elles carrées sur les balancines?

A l'arrière.
Par le travers.
Sur la perpendiculaire de notre route.
Tiens bon.
Au vent.
Tente.

The crew..........is well drilled.
L'équipage ....sait bien faire les exercices.
Armed............How is she armed ?
Armé...... ....Comment le bâtiment est-il armé ?
Anchor, to........The wind having become contrary, we came
    to in the road.
Mouiller ....Le vent étant devenu contraire, l'on mouilla
    dans la rade.
Anchor ....We anchored in good holding ground.
Ancre ....Nous avons jeté l'ancre sur un bon fond.
Anchor, (sheet)....This anchor is seldom used.
Ancre de salut .....On se sert rarement de cette ancre.
Ahoy ....Ship ahoy!
Oh ! ....Oh ! du —— (Brick, goëlette, gabarre, &c.)
Aft..............The wind is right aft, sir.
Arrière........ ....Le vent est droit arrière, mon lieutenant.
Ahead............To run ahead of one's reckoning.
En avant..........Dépasser son estime.
Anchor...........To drag an anchor.
Ancre.............Chasser sur l'ancre.
The apron........shelters the lock and vent.
Le couvre-percuteur.sert à tenir le percuteur et la lumière à l'abri.
Bomb-vessel.......Four bomb-vessels were sunk in this action.
Galiote à bombes ...Quatre galiotes à bombes furent coulées bas
    dans le combat.

B.

Back.	En arrière.
Backstays.	Galhaubans.
Back an anchor, to	Empenneler une ancre.
" Back the main-topsail."	" Brassez le grand hunier sur le mât."
Barometer.	Baromètre.
Beacon.	Balise.
" Bear up."	" Laissez porter."
" Bear a hand."	" Haut la main, hardi."
Beat, to.	Louvoyer.
Bed of a gun.	Coussin.
" Belay."	" Amarre-là ;" " blay."
Bend.	Nœud d'amarrage.
Bend a sail, to.	Enverguer une voile.
Bend a cable, to.	Étalinguer un câble.
Between wind and water.	Entre deux eaux.
Bell.	L'horloge.
It is three bells.	On attrape trois.
Block, (snatch.)	Poulie de retour.
" Two blocks."	" Poulies rencontrées."
Block, (cat.)	Poulie d'itague.
Block, (leading.)	Poulie de conduite.
Block, (sister.)	Poulie en rateau.
Block, (tail.)	Poulie à fouet.
Block, (standing.)	Poulie fixe.
Block, (running.)	Poulie mobile.
" Board main-tack."	" Amure grand' voile."
" Boat the oars."	" Désarmez les avirons."

Boat . . . . This boat is too deeply laden.
Bateau . . . . *Ce bateau est trop chargé.*
Brig . . . . That brig is very small.
Brick . . . . *Ce brick est bien petit.*
Bowsprit . . . . That frigate has lost her bowsprit.
Beaupré . . . . *Cette frégate a perdu son beaupré.*
Blockade . . . . The blockade is raised.
Blocus . . . . *Le blocus est levé.*
Battery . . . . You are within range of her guns.
Batterie . . . . *Vous êtes à portée de sa batterie.*
Board, to . . . . The vessel was worked so well that we
could never board her.
Aborder . . . . *Le vaisseau a si bien manœuvré que nous*
n'avons jamais pu l'aborder.
Ballast . . . . My vessel has returned in ballast.
Lest . . . . *Mon bâtiment est revenu sur son lest.*
Brail, to . . . . "Brail up the sails."
Carguer . . . . *"Carguez les voiles."*
Berth . . . . The ship lies in a good berth.
Éritage . . . . *Le bâtiment est mouillé en bon éritage.*
Bound, (outward) . . A ship outward bound.
Cours, (en) . . . . *Un bâtiment en cours de voyage.*
Bound, (weather) . . The Russian fleet was weather-bound.
Retenu . . . . *La flotte russe était retenue par le mauvais*
temps.

Boom, (spanker.)	Gui, bôme, (de brigantine.)
Bowline.	Bouline.
Bowman.	Brigadier d'un canot.
Bowsprit.	Beaupré.
Brace, to.	Brasser.
Brace about, to.	Contre brasser.
Braces, lee main.	Grands bras, (de sous le vent.)
"Brace the yards square."	"Brassez les vergues carré."
"Brace in."	"Brassez au vent."
Bark.	Gabarre.
Bread-room.	Soute au pain.
Breakers.	Brisans.
Breakwater.	Brise-lames, (digue de Cherbourg.)
Breastfasts.	Amarres du travers.
Breeching.	Les bragues.
Boring-bit.	Dégorgeoir à vrille.
"Bring to the messenger."	"Frappez le tournevire."
Bow-chaser.	Canon de chasse.
Boat-hook.	Gaffe.
Boat-painter.	Câblot.
Beef-barrel.	Baril à bœuf.
Bunt.	Fond d'une voile.
Bunt-line.	Carguefond.
Bunt-gasket.	Garcette du milieu.
"Skin the sail well up in the bunt."	"Serrez bien les fonds de la voile."
Buoy, (life.)	Bouée de sauvetage.
To buoy up a cable.	Alléger un câble, (ou flotter.)

Brace, to........... " Brace up a little."

Brasser .... *Brassez légèrement sous le vent.*

The bore...........is the interior space where the charge is placed.

L'âme...............*est le vide intérieur destiné à recevoir la charge.*

The breech.........is the segment contained between the bottom of the bore and the cascable neck.

La culasse..........*est derrière la pièce, à partir du fond de l'âme.*

The brackets*......are the parts supporting the gun.

Les flasques.........*sont les pièces sur lesquelles repose le canon.*

Cruise ....We are going to have a good cruise.

Croisière......... .....*Nous allons faire une agréable croisière.*

Cruiser ....Those latitudes swarm with cruisers.

Croiseurs...........*Ces parages fourmillent de croiseurs.*

Cabin. ....No one on board is permitted to go into the cabin, unless called for.

Cabine.............. ...*Personne à bord ne peut entrer dans la cabine sans permission.*

Compass. ....The compass is mostly used at sea.

Boussole ....*Le principal usage de la boussole est sur mer.*

Cable...... ....We were obliged to cut the cable in order to save ourselves.

Câble.... ....*Nous fûmes obligés de couper le câble pour nous sauver.*

Cargo. ....What is your cargo ?

Cargaison ....*De quoi se compose votre cargaison ?*

The cat-o'-nine-tails .is no longer used in the American Navy.

Garcette............*La marine des États-Unis n'emploie plus la garcette.*

C.

Cable.	Câble.
Sheet cable.	Maître-câble.
Bower cable.	Câble de bossier.
Stream cable.	Grelin de côte.
Cable's length.	Encablure.
To slip a cable.	Filer un câble par le bout.
Call.	Sifflet.
Cannister.	Boites à mitraille.
Cascable.	Bouton de culasse.
Chase.	La volée.
Cannonade, to.	Canonner.
Capsize, to.	Chavirer.
Captain of a gun.	Chef de pièce.
Captain of a top.	Chef des gabiers.
Captain of the after-guard.	Contre-maître de dunette.
Carrick-bend.	Nœud plat.
Cartridge, (small-arms.)	Cartouche.
Cartridge, (cannon.)	Gargousse.
Cathead.	Bossoir.

Dock-yard	There is a fine dock-yard in Brooklyn.
Arsenal de marine	*Il y a un bel arsenal de marine à Brooklyn.*
Dog-watch	The shortest watch is a dog-watch.
Quart de quatre	*De tous les quarts le quart de quatre est le plus court.*
Dispatch-boats	are very useful in a fleet.
Les avisos	*sont très utiles à une escadre.*
Embark, to	We embarked without waiting for him.
S'embarquer	*Nous nous embarquâmes sans l'attendre.*
Fleet	The fleet received orders to sail.
Flotte	*La flotte reçut ordre de mettre à la voile.*
Flag-ship	Have you been on board the flag-ship?
Vaisseau commandant	*Avez-vous été à bord du vaisseau commandant?*
Fifty-gun ship	It is a fifty-gun ship.
Vaisseau de cinquante pièces	*C'est un vaisseau de cinquante canons.*
Fire-ship	There were in the fleet six fire-ships.
Brûlot	*Il y avait dans la flotte six brûlots.*
Fast-sailing ship	She is one of the fastest sailors in the American Navy.
Fin voilier	*C'est un des plus fins voiliers de la marine américaine.*
Fishing-boat	We fell in with a fishing-boat.
Barque de pêcheur	*Nous rencontrâmes une barque de pêcheur.*
Foresail	A squall carried away our foresail.
Misaine	*Un coup de vent emporta notre misaine.*

Catfall.	Garant de capon.
Calk.	Calfater.
Chafe.	Écorcher.
Channels.	Porte-haubans.
Claw off, to.	S'élever d'une côte.
"Clear away that tackle."	"Dégagez ce palan."
"Clear glass."	"Veillez le sillomètre."
Cleat.	Taquet.
Close-reef.	Bas ris.
Club-haul.	Virer vent devant, (en se servant d'une ancre pour y parvenir.)
Clew.	Point d'écoute.
Clew-garnets.	Cargue-point des basses voiles.
Clew-line.	Cargue.
"Come alongside."	"Accostez."
Coaster.	Caboteur.
Cockswain.	Patron.
"Come up the tackle-fall."	"Larguez le palan."

Fore-mast..........The fore-mast has been carried away by a shot.

Mât de misaine......*Le mât de misaine a été emporté par un boulet.*

Foretop-mast.......Our foretop-mast is almost new.

Petit mât de hune....Notre petit mât de hune est presque neuf.

The forecastle......is the place for the head-gear.

Le gaillard d'avant ..est l'endroit destiné aux apparaux de devant.

Fit out, to..........They talk of fitting out three vessels.

Équiper...........On parle d'équiper trois bâtiments.

Freight, to.........I would not freight his vessel.

Fréter.............Je n'ai pas voulu fréter son vaisseau.

The face...........is the plane at the muzzle of the gun.

La tranche..........est le plan qui termine la pièce à sa partie antérieure.

Ironclads...........are necessarily of great draught.

Les bâtiments blindés.à cause de leurs poids, ont un grand tirant d'eau.

Gun boats..........are mostly used on rivers.

Cannonières.........Pour le service des rivières c'est tout ce qu'il y a de mieux.

The gun-deck......is the covered deck on board of frigates.

Batterie............À bord des frégates le second pont s'appelle batterie.

To go about; to beat.We had to go about many times before we could come to an anchor.

Courir des bordées ...Il nous fallut courir plusieurs bordées avant d'atteindre au mouillage.

Companion-ladder.	Échelle de dunette.
Chronometer.	Chronomètre.
Crew.	Équipage.
Cross-jack yard.	Vergue barrée.
Cross-trees.	Barres des hunes.
Crow-foot.	Barrotin ; tors.
Cruise.	Campagne ; croisière.
Crutch.	Couvrière de bôme.
Cushion.	Chevet.
Cutlass.	Coutelas.
Cut-water.	Taille-mer.

D.

Davit.	Davier.
Dead-eyes.	Caps de mouton.
Gun-deck, orlop, and spar-deck.	Grande batterie, faux pont, et pont sur montants.
Deep-sea lead.	Grand plomb de sonde.
Dog-vane.	Penon.
" Down jib and staysail."	Halez-bas le foc et petit foc.
Dress a ship.	Pavoiser un bâtiment.
Dumb-trucks.	Taquet d'essieux.
Dinghy.	You-you.

To give a salute .... We fired a salute of ten guns.
Saluer .... *Nous avons salué de dix coups de canon.*
To give a broadside. He gave us a broadside as he passed by.
Lâcher une bordée ... *Il nous lâcha une bordée en passant.*
Grappling-irons..... are used in boarding.
Grappin........... *On se sert du grappin pour l'abordage.*
Gig................. The gig is going to leave, sir.
Yole.............. *Voilà, la yole qui part, mon lieutenant.*
The gun-carriage ... of a ix-inch.
L'affût........... *d'un obusier de 30 centimètres.*
Harbor .... We left New York Harbor at 10 o'clock.
Port............. *Nous quittâmes le port de New York à 10 heures.*
To heave to.... .... If you heave to, I will send you a boat.
Mettre en panne ..... *Si vous voulez mettre en panne, je vous enverrai un canot.*
Hoist the flag, to.... We immediately hoisted our flag.
Arborer le pavillon .. *Nous arborâmes aussitôt notre pavillon.*
Hold.... ....Send him to the hold.
Fond de cale .... *Envoyez-le à fond de cale.*
Hammock.......... Sailors sleep in hammocks.
Hamac .... *Les matelots couchent dans des hamaes.*
The hatches........ are closed when there is fire on board.
Les écoutilles........ *on les ferme quand il y a incendie à bord.*

E.

Eddy-water.	Remous.
End on.	De bout au corps.
Enlist.	Enrôler.
Ensign.	Pavillon (ou drapeau) de poupe.
Evening gun.	Canon de la retraite.
Eyelet-holes.	Œillets, d'une voile ou d'un ris.

F.

Fathom.	Brasse.
" Fend off."	" Défiez en accostant."
Fenders.	Défenses.
" Fire."	" Feu."
" Flatten in forward."	" Traversez les focs."
Flying jib.	Clin foc.
Foot-ropes.	Marchepieds des vergues.
Fore and aft.	De l'avant à l'arrière.
Fore-foot.	Brion.
Fore-jeers.	Drisses de la vergue de misaine.
Fore-yard.	Vergue de misaine.
" Fore-top, there."	" Ho, de la hune de misaine."
Foul bottom.	Fond sale.
Foul rope."	Corde engagée.
Foul anchor.	Ancre embarrassée.
Foundered.	Sombré.
" Full and by."	" Près et plein."

Housing chocks ......are placed under the front trucks to
choke them.
Les coins d'arrêt ......*sont placés sous les roues de devant de l'affût pour le caler.*
Knot.... ....That ship makes ten knots an hour.
Nœud...... ....Ce bâtiment file dix nœuds à l'heure.
Keel.................This vessel has one hundred and twelve
feet keel.
Quille. ....Ce bâtiment a cent douze pieds de quille.
Land, to.... ....We landed at the port after a dangerous
voyage.
Aborder..............Nous abordâmes au port après une navigation périlleuse.
Launch ....He sent his launch alongside of us.
Chaloupe............ .... Il envoya sa chaloupe à notre bord.
Look-out............." Sail, ho."
Vigie.............. ...." Holà, voile."
List................That ship has a list to port.
Faux côté...... ......Ce vaisseau a un faux côté sur bâbord.
Lights................Blue lights are still used.
Feux de bengale ...... On se sert encore des feux de bengale.
Long guns......... ...She has none.
Canons à grande portée. Il n'a pas de canons à grande portée.
Life-boats..... ......A man-o'-war is always provided with
them.
*Canots de sauvetage....Il y en a toujours à bord d'un vaisseau de
l'état.*
Labor.............. .....In a heavy sea our ship labors.
Fatiguer . ...Par un gros temps notre bâtiment fatigue.

G.

Gaff.	Pic.
Gaff halyards.	Drisse du pic.
Gaff topsail.	Flèche en cul.
Gangway.	Passavant.
Gantlet, to run the.	Courir la bouline.
Gale.	Coup de vent.
" Gather aft the jib-sheet."	" Reprenez l'écoute du foc."
Gear.	Apparaux ; gréement.
" Get in off the yard."	" Rentrez de dessus la vergue."
" Get a pull."	" Bordez un peu."
Girt-line.	Cartahu.
" Give way together."	" Nagez ensemble."
Gratings.	Caillebottes.
Gunner's mate.	Second canonnier.
Gunnery.	Canonnage.
Gunwale.	Plat bord.
Guy.	Cordage de retenue.
Gone in the slings.	Cédé aux suspentes.

Lanterns......are used to signal from one ship to another.

Fanal, -aux.......On se sert des fanaux pour signaler d'un vais-seau à l'autre.

Lie to......In a storm we lie to.

À la cape......Dans la tempête on met à le cape.

Log......Tell the quartermaster to heave the log.

Loch......Dites au quatier-maître de jeter le loch.

Log-book......Every man-of-war keeps a log-book.

Journal......On trouve un journal à bord de tous les bâti-ments de guerre.

Man-of-war......That is a man-o'-war, or I am much mistaken.

Bâtiment de guerre. C'est là un bâtiment de guerre, ou je me trompe fort.

Mainsail......We were forced to haul up the mainsail.

Grand' voile......Nous fûmes obligés de carguer la grand' voile.

Mast.......I have sprung a mast.

Mâture......J'ai éprouvé une avarie dans la mâture.

Masts......Our masts are well stayed.

Mâts......Nos mâts sont bien tenus en étai.

Mainmast......The admiral's flag flies at the mainmast head.

Grand mât......L'amiral porte le pavillon au grand mât.

Mizzenmast......The mizzenmast is the smallest of the three.

Mât d'artimon......Le mât d'artimon est le plus petit des trois mâts.

Maintop-mast......The French frigate lost her maintop-mast.

Mât de hune......La frégate française a perdu son grand mât de hune.

II.

Half-ports.	Faux mantelets.
Hammock.	Hamac.
Hatchet.	Hache.
Half-hitch.	Demi-clef.
Clove-hitch.	Deux demi-clefs.
Rolling-hitch.	Amarrage en fouet.
Handspike.	Anspect.
Handle a ship, to.	Manier un navire.
"Hard aport."	"La barre tout à bâbord."
"Hard up."	"La barre tout au vent."
"Hard astarboard."	"La barre à tribord toute."
Hatches.	Écoutilles.
"Haul the sheets flat aft."	"Bordez les écoutes tout plat.'
"Haul up the ports."	"Levez les mantelets des sabords."
"Haul home the sheets."	"Bordez les écoutes à joindre."
Hawse-holes.	Écubiers.
Hawse-plugs.	Tampons d'écubiers.
Head to wind.	Tête au vent.
Heave in stays.	Virer de bord vent devant.
Heave and paul.	Virer pour mettre le linguet.
Helm.	Gouvernail.
"Port the helm.	"Bâbord la barre."

Merchantman . . . . . The privateer captured a great number of
our merchantmen.
*Vaisseau marchand . Le corsaire a pris un grand nombre de nos
bâtiments marchands.*
Oar . . . . We are indebted to our oars for our arrival.
*Rame . . . . Nous n'arrivâmes qu'à force de rames, (ou avi-
rons.)*
Off, clear . . . . To keep off the land.
Au large . . . . Se tenir au large.
Offing . . . . We stood for the offing.
Au large . . . . Nous avions le cap au large.
The orderly . . . . is placed at the cabin door.
Le planton . . . . est de service à la porte de la cabine.
The privateer . . . . . was obliged to take his prize in tow.
Corsaire . . . . Le corsaire a été obligé de remorquer sa prise.
Pirate . . . . We have been taken by a pirate.
Pirate . . . . Nous avons été pris par un pirate.
Pitch ; to pitch . . . . *Brai sec ; brayer.*
Paint ; to paint . . . . *Peinture ; peindre.*
Pump, to . . . . All hands were at the pumps.
Pomper . . . . Tous les matelots étaient aux pompes.
Port-hole . . . . There are a great many port-holes in a three-
decker.
Sabord . . . . Il y a beaucoup de sabords sur un trois-ponts.
Port . . . . To be upon the port-tack.
Bâbord . . . . Courir bâbord au vent.

Helmsman.	Timonier.
"Hoist the boats out."	"Mettez les embarcations à la mer."
"Hoist in the boats."	"Embarquez les canots."
"Hoist away."	"Hissez."
Hose, have you enough ?	Avez-vous assez de manche ?
Hold.	La cale.
Fore-hold.	Cale d'avant.
Main-hold.	Grande cale.
After-hold.	Cale d'arrière.
Home.	À poste.
Homeward bound.	Un bâtiment en cours de retour.
Housing chocks.	Les coins d'arrêt.
How does she carry her helm ?	Comment ce navire gouverne-t-il ?

I, J.

"In topgallant-sails."	"Serrez les perroquets."
Incumber.	Encombrer.
Jack.	Pavillon de beaupré.
Jam, to.	Gêner.
Jeer-block.	Poulie de drisse de basse vergue.
Jib.	Foc.
Jigger.	Palan de retenue.
Jury-mast, or rudder.	Gouvernail, ou mât de fortune.

Pitching............The pitching makes me feel sick.
Tangage ....*Le tangage me rend malade.*
A priming wire......serves to clear the vent.
Le dégorgeoir ....*sert à dégorger la lumière.*
The quarter-deck ....is the place reserved for the officers.
Le gaillard d'arrière..*est l'endroit réservé aux officiers.*
Revenue cutters.....are often steamers.
Bâtiment de la douane..*Les bâtiments de la douane sont souvent des steamers.*
Rigging ....The rigging of this vessel is quite rotten.
Gréement...........*Le gréement de ce navire est tout pourri.*
Run aground, to.....We grounded on a sand-bank.
Échouer............*Nous échouâmes sur un banc de sable.*
Rudder............A heavy sea carried away our rudder.
Gouvernail ....*Un coup de mer emporta le gouvernail.*
Rope ....The rope parted and he fell in the water.
Corde ....*La corde cassa et il tomba dans l'eau.*
Rig, to ....We must rig a new mast.
Gréer...............*Il nous faut gréer un nouveau mât.*
Refit, to ....We went into the port of Toulon to refit ship.
Radouber ....*Nous entrâmes dans le port de Toulon pour radouber notre bâtiment.*
Rockets ....Do you use rockets ?
Fusées............. *Vous servez-vous de fusées ?*

K.

Kedge-anchor.	Ancre de touée.
" Keep off."	" Larguez."
" Keep your luff."	" Serrez le vent."
" Keep the lead going."	" Sondez coup sur coup."
" Keep in the weather fore-brace."	" Tenez bon le bras du vent de misaine."
Kink.	Coque dans un cordage.

L.

Ladder.	Échelle.
Lightning conductor.	Paratonnere.
Laid up.	Désarmé.
Land-fall.	Atterrage.
Launch.	Chaloupe.
Lee side.	Côté de sous le vent.
Lee way.	Dérive.
" Let fall foresail."	" Laissez tomber la misaine."
" Let go and haul."	" Changez devant."
" Let go the main-sheet."	" Larguez la grande écoute."
" Let her fall off."	" Laissez abattre."
" Let go the lee-main clew-garnet."	" Laissez tomber le point de la grand' voile sous le vent."
Life-boat.	Canot de sauvetage, (Insubmersible.)
Light-house.	Phare.

The re-enforces..are the parts of a gun between the chase and the breech.

Les renforts.....sont les deux parties de la pièce comprises entre la volée et la culasse.

Stocks ....The government has two vessels upon the stocks.

Chantiers ....L'état a deux navires sur les chantiers.

Squadron ......A squadron is fitting out at Brest.

Escadre.........On arme une escadre à Brest.

Ship of the line .That is a first-rate.

Vaisseau........C'est un vaisseau de premier rang, ("à 120 bouches.")

Sloop of war....The commodore dispatched two sloops of war to ascertain whither they were bound.

Corvette.... .....Le chef d'escadre envoya deux corvettes pour s'assurer du lieu de leur destination.

Schooner ....He was wrong not to have insured his schooner.

Goëlette.........Il a eu tort de ne pas avoir fait assurer sa goëlette.

Sails.... ....Our ship is taut and squarely rigged.

Voiles et voilure .Notre navire est bien gréé.

Spar-deck ......The deck was covered with dead bodies.

Pont....... .....Le pont sur montants était couvert de morts.

Sink a vessel, to.They sunk three men-o'-war.

Couler à fond....Ils coulèrent à fond trois bâtiments de guerre.

Lock, the.	Le percuteur.
" Luff and touch her."	" Loffer jusqu'à ralinguer."
" Luff and shake her."	" Lof tout."

M.

Mails.	Courriers.
Mainsail.	Grand' voile.
Mainmast.	Grand mât.
Mainshrouds.	Grands haubans.
Maintop.	Grand' hune.
Maintop-men.	Gabiers de la grand' hune.
Maintop mast-stay.	Étai du grand mât de hune.
Maintop sail-yard.	Vergue du grand hunier.
Maintop gallant-mast.	Mât du grand perroquet.
Maintop gallant staysail.	Voile d'étai de perroquet.
Main-sheet.	Écoute de la grand' voile.
Main hatchway.	Grand' écoutille.
"Maintop-sail haul."	" Changez derrière. "
" Make all fast."	" Amarrez partout. "
" Man the main tack."	" Rangez du monde sur l'amure de grand' voile."
"Man the side."	"Passe du monde sur le bord."

--

Strike the colors, to ......The frigate did not strike her colors till after an engagement of four hours.
Baisser parillon ....*La frégate n'a baissé parillon qu'a-près quatre heures de combat.*
Splinters ....He was wounded by a splinter.
Éclats de bois.............*Il a été blessé d'un éclat de bois.*
Shipwrecked, to be.......We were shipwrecked on the African coast.
Faire naufrage ....*Nous avons fait naufrage sur la côte d'Afrique.*
Sound, to...............We were obliged to sound the whole night.
Sonder...................*Nous avons été obligés de sonder toute la nuit.*
Starboard ....When an officer goes on shore, he leaves from the starboard side.
Tribord..................*Quand un officier va à terre, il quitte le vaisseau du côté tribord.*
Ship a sea, to ....When we were in the British channel, we shipped several seas.
Recevoir une lame à bord...*Quand nous étions dans la Manche, nous reçûmes plusieurs lames à bord.*
Steer close to the wind, to.That vessel steers close to the wind.
Ranger le vent ....*Ce vaisseau range le vent.*
Speak a ship, to..........We have been spoken by three ships.
Héler un narire..........*Nous fûmes hélés par trois narires.*

"Man the fore and main tack." — "Rangez aux amures des basses voiles."

Mast fid.	Clef de mât.
Master-at-arms.	Chef de police d'entrepont.
Messmate.	Compagnon d'ordinaire.
Mizzen-mast.	Mât d'artimon.
Mizzen-shrouds.	Hanbans d'artimon.
Mizzen cat-harping.	Frélingage des haubans d'artimon.
Mizzen-mast staysail.	Diablotin.
Moorings, fixed.	Corps-morts.
Mop.	Guipon.
Muffle the oars, to.	Mettre des paillers aux avirons.

N.

Navy officers.	Officiers de la marine.
Navy, (national.)	Marine de l'état.
"No nearer."	"Défie du vent."
Neck, (of a gun.)	Collet de bouton de la culasse.
North star.	Étoile polaire.

Steer, to............	The ship obeys her helm nicely.
Gouverner	*Le bâtiment obéit bien à la barre.*
Steer well, to........	We steered clear of the ships.
Bien conduire	*Nous évitâmes les abordages.*
Stern	From stem to stern.
Poupe............	*De la proue à la poupe.*
Steward	My steward is excellent.
Maître d'hotel........	*J'ai un excellent maître d'hôtel.*
Swing	Swing with the wind.
Éviter	*Éviter au vent.*
Tide............	It is high water.
Marée............	*C'est l'heure de la haute marée.*
Transport	There were more than five hundred transports ready to sail.
Bâtiment de transport ..	*Il y avait plus de cinq bâtiments de transport prêts à faire voile.*
.That top gallant-sail...	is rather small for such a large ship.
Cette voile de perroquet .	*est un peu trop petite pour un si grand navire.*
Top gallant-mast	What is generally the length of this mast ?
Mât de perroquet......	*Quelle est d'ordinaire la longueur de ce mât ?*

O.

Oarsmen.	Rameurs.
Officer of the watch.	Officier de quart.
Offing.	Le large.
Out.	Dehors, déployé.
Outrigger.	Boutehors.

P.

P. M., A. M.	Avant-midi, après-midi.
Partners.	Étambai.
"Passing."	"Largue."
Pooping-sea.	Grosse mer de l'arrière.
Pennant.	Flamme.
Pennant, (broad.)	Cornette; guidon.
Pipe, to.	Sifflet, coup de.
Practice, to get.	Obtenir l'entrée.
Prize-money.	Part de prise.
"Put the helm amidships."	"Droite la barre."
Primer.	Étoupille.
Passing-box.	Garde-feu.
"Pull away."	"Avant partout."
"Pull starboard."	"Avant tribord."
"Put in the tampions."	"Tapez les canons."
"Pump ship."	"À la pompe."

2

To sail	They will not sail before sunset.
Mettre à la voile	*On ne mettra pas à la voile avant le coucher du soleil.*
To loose the sails	The sails are already loosed.
Déployer les voiles	*Les voiles sont déjà déployées.*
To dismast	The storm dismasted two of our vessels.
Démâter	*La tempête a démâté deux de nos navires.*
To put a prize-master on board a vessel.	After putting a prize-master and crew on board the sloop, we went into port.
Amariner un bâtiment	*Après avoir amariné la corvette, nous entrâmes dans le port.*
To come into port	We came into port after a long passage.
Arriver	*Nous sommes arrivés après une longue traversée.*
To strike the bell	"Strike the bell eight; call the watch."
Piquer l'horloge.	*"Piquez huit coups; relevez le quart."*
Tar	is much used in the navy.
Le goudron	*est très utile à la marine.*
To take in tow	The frigate was so shattered that we were obliged to take her in tow.
Touer; remorquer	*La frégate fut si maltraitée que nous fûmes obligés de la remorquer.*
To man	"Man that boat."
Armer.	*"Armez ce canot."*

Q.

Quarantine.	Quarantaine.
Quarters.	Postes.
Quarter-bill.	Rôle de combat.

R.

"Raise tacks and sheets."	"Lève les lofs."
Rammer.	Refouloir.
Relieving tackles.	Le palan de recul.
Ride head to wind, to.	Faire tête au vent.
Ride out a gale, to.	Étaler un coup de vent.
Rigging, (running.)	Manœuvres courantes.
Rigging, (standing.)	Manœuvres dormantes.
Rigging, (lower.)	Haubans et étais des bas mâts.
Ring-bolt.	Cheville à boucle.
"Round in the mainbrace."	"Embraquez le grand bras."
"Row dry."	"Nage sec."
Royals.	Cacatois.
Run by the lead, to.	Aller à la sonde.
Run down a coast, to.	Descendre (ou longer) une côte.
"Run in the slack of the hawser."	"Rentre à courir le mou de l'aussière."
Run out a warp, to.	Élonger une touée.
"Run out your guns."	"La batterie aux sabords."

Tack . . . . We shall do better on the other tack ; will your vessel stay ?

Amure . . . . *Les autres amures nous seront plus avantageuses ; votre bâtiment prendra-t-il vent devant ?*

To heave to . . . . We were obliged to heave to.

Être en panne . . . . *Nous fûmes obligés de mettre en panne.*

The trade-wind . . . . . . is the sailor's paradise.

Le vent alisé . . . . *est le paradis du matelot.*

Tugs . . . . are much used in New York Harbor.

Remorqueur . . . . *On fait un grand usage de remorqueurs dans le port de New York.*

Tonnage . . . . What is the tonnage of that sloop of war ?

Tonnage . . . . *Quel est le tonnage de cette corvette ?*

The tangent-sight . . . is a French invention.

La hausse . . . . *est une invention française.*

This vessel . . . . leaks fore and aft.

Ce bâtiment . . . . *fait eau de toutes parts.*

Vent-field . . . . where the gun is primed.

Le champ de lumière . . *est l'endroit où l'on met l'amorce.*

Ward-room . . . . As I am not a commissioned officer, I have no right to the ward-room.

Carré des officiers . . . . *N'étant pas officier d'état-major, je ne puis prétendre à entrer au carré des officiers.*

S.

Saddle.	Taquet.
Sag, to.	Tomber sous le vent.
Salvage.	Sauvetage.
Saucer.	Écuelle du cabestan.
Scoop.	Écoupe.
Screen.	Cloison de toile.
Scrub, to.	Laver; frotter.
Scudding.	Courir devant le vent.
Scull, to.	Gabarer.
Scupper.	Dalot.
Scuttle a ship, to.	Saborder un navire.
Sea-legs.	Pied marin.
Seaweeds.	Herbes marines.
Seam of a sail.	Couture d'une voile.
" Secure the guns. "	" Amarrez les canons à la serre."
"Set about that block stop. "	" Travaillez à l'estrope de cette poulie. "
" Set the top-gallant studding-sails. "	" Gréez les bonnettes de perroquet."
Shark's mouth.	Les crocs de brague.
Shackles, (hand-irons.)	Manicles.
Shallow water.	Petit fond.
Sheep-shank.	Jambe de chien.

Wardroom officer's boat . . "Send the wardroom boat to the landing."
Canot-major . . . . *"Envoyez le canot-major au debarcadère."*
Watch . . . . "Call the starboard watch."
Quart . . . . *Faites monter le quart de tribord, (ou les tribordais.)*
Weather . . . . How is the weather to-day?
Temps . . . . *Quel temps fait-il aujourd'hui?*
Hazy weather, captain.
Temps brumeux, mon capitaine.
We are going to have a heavy sea.
Nous allons avoir une grosse mer.
The wind heads us off.
Le vent refuse et se range de l'avant.
We have had a succession of squalls.
Nous n'avons eu que des bourrasques.
Leading wind.
Vent largue.
The ship is in the trough of the sea.
Le bâtiment est en travers de la lame.
A strong gale.
Forte brise.
A stiff gale.
Brise carabinée.

"Ship ahoy."	"Ho, du navire."
Shell.	Obus. .
"Shorten in the lee main tack."	"Embraquez la grande amure de revers.
"Shot your guns."	"Chargez les canons à boulets."
Side tackles.	Les palans de côté.
Sight-mass, the.	Fronteau de mire.
Signal.	Signal.
"Silence fore and aft."	"Silence partout."
Sky-light.	Écoutille vitrée.
Sliding-knot.	Nœud coulant.
Spars.	Épars.
Spritsail.	Civadière.
Squaresail.	Voiles carrées.
"Square the yard by the braces."	"Brassez carré."
Stauchion.	Époutille.
Sponge, the.	Écouvillon.
"Stand by the topsail halyards."	"Veillez aux drisses des huniers."
Stand by a rope, to.	Veiller à une manœuvre.
Standing part of a rope.	Dormant d'un cordage.
Steerage-way, to have.	"Le bâtiment gouverne."
Swab.	Faubert.
Swing, to.	Abattre.

Weather....A steady wind; baffling wind.
Temps......Vent fait; vent variable.
A topgallant breeze.
Temps à perroquets.
The sea is very rough.
La mer est écumante, ou houleuse.
The sea is very calm.
La mer a l'air bonace.
A cross sea; a hollow sea.
Mer en furie; mer creuse.
Spray.
Éclaboussure d'eau de mer, ou écume de mer.
Spring tides; neap tides.
Marée d'équinoxe; mortes eaux.
The wind has abated.
Le vent est tombé.
Fresh breeze; land breeze.
Bon frais; brise de terre.
Sea breeze; light breeze.
Brise du large; petite brise.
Brewing, (weather.)
Apparence du mauvais temps.

T

Tarpaulin.	Prélart.
Taut; a taut sail.	Une voile bien hissée.
That ship is hull down.	Le bois de ce navire est noyé.
Thermometer.	Thermomètre.
Tiller.	Barre du gouvernail.
Tiller rope.	Drosse du gouvernail.
To ship the tiller.	Monter le gouvernail.
Topgallant-sails.	Voiles de perroquet.
To sail back.	Relâcher.
To sail out.	Débouquer.
To brace up sharp.	Orienter les voiles très près.
To be slack in stays.	Être lent à virer de bord.
To sound the well.	Sonder la pompe.
Toggle.	Cabillot.
Tampion.	Tampon.
Treenail.	Gournable.
Touch.	Toucher; relâcher.
Transom.	Barre d'arcasse.
Transom, (of a carriage.)	Entretoise.
Traveler.	Rocambeau.
Train tackle.	Palan de retraite.
"Trim the boat."	"Dressez le canot."

Have you seen the land; how does it bear?
Avez-vous vu la terre, et à quel air de compas?
What is your latitude?
Quelle est votre latitude?
I cannot make that land out. I only had a glimpse of it just
now, and can hardly rely on my reckoning.
*Je ne puis rien affirmer sur ce qu'est cette terre. Je ne fais que de
l'apercevoir, et je ne suis pas très sûr de mon point.*
Are you acquainted with the coast?
Connaissez-vous bien la côte?
I shall not try to make the land to-night.
Je n'essaierai pas de porter à terre ce soir.
Are you acquainted with that light-house?
Connaissez-vous ce phare?
What soundings have you?
Quelle est votre sonde?
The water is very shoal.
Il y a très peu d'eau.
Keep a good look-out for the land; the coast is rather foul.
Ayez du monde en vigie, car la côte est malsaine.
What draught of water can a ship carry into that harbor?
A quel tirant d'eau peut-on chenaler dans ce port?

Trucks.	Roulettes.
Trunnions.	Tourillons.
Trysail.	Voile de seneau.
Thumbstall.	Doigtier.
Tulip, the.	La tulipe.

U.

Unbend a cable.	Détalinger un câble.
Ungrapple.	Décrocher un grappin.
Unreeve.	Dépasser une manœuvre.
" Up and down. "	" A pic. "
" Up courses. "	" Carguez les basses voiles. "
Upper works.	Œuvres mortes.

·V.

Van.	Avant-garde.
Vane.	Girouette.
Variation of the compass.	Variation.
Vent.	La lumière.

W.

Wad.	Valet.
Watch-bill.	Rôle de quart.
Water-line.	Ligne de flottaison.
Water-spout.	Trombe.

Can we carry our draught of water over the bar into the anchorage?
Y a-t-il assez d'eau sur la barre pour que notre bâtiment puisse entrer dans le port ?

What is the name of that harbor ?
Quel est le nom de ce port ?

Is the anchorage safe with all winds, and what wind must we have to get in ?
Le mouillage y est-il sûr par tous les vents, et quel vent nous faut-il pour y entrer ?

What is your draught of water ?
Quel est votre tirant d'eau ?

Will you anchor ?
Mouillerez-vous ?

Will you be my pilot ?
Voulez-vous me piloter ?

I will lead you to the best berth.
Je vais vous conduire au meilleur évitage.

What depth is required for a safe anchorage ?
Par quel brassiage est-il bon d'y mouiller ?

Which is the safest side of the road ?
Quel est le côté le plus sûr de la rade ?

Have you got an anchor ready ? You are in a good berth now ; let go the anchor.
Avez-vous fait peneau ? Maintenant que vous êtes au bon endroit, mouillez.

Are you going on shore? If so, I will thank you for a passage in your boat.
Allez-vous à terre ? Si vous y allez, je vous prierai de m'emmener dans votre canot.

Wear, to.	Virer vent arrière.
Weatherly, ship.	Navire bon bouliner.
Wheel.	Roue.
Wind's eye.	Lit du vent.
Wind-sail.	Ventilateur.
Windlass.	Virevau ; guindeau.
Whence come you ?	D'où vient le navire ?
What sails have we set ?	Quelles voiles avons-nous dehors ?
What soundings have we ?	Qu'a rapporté la sonde ?
Wardroom officer's boat.	Canot-major.
Worm.	Tire-bourre.
Work, (to work ship.)	Manœuvrer un navire.

Y.

Yard.	Vergue.
Lower yards.	Basses vergues.
Topsail yards.	Vergues de hune.
Yeoman, (engineers'.)	Gardien,(des comptes des ingénieurs.)
Yard-arms.	Taquets; bout de vergue.
Yard-arms gasket.	Garcette de bout de vergue.
Yarn.	Fil de caret.
Yaw, to.	Embarder.

Do you stay on shore all night ?
Passerez-vous la nuit à terre ?
At what time will you return on board ?
A quelle heure reviendrez-vous à bord ?
Can you send me a boat to-morrow night ?
Pourrez-vous m'envoyer un canot demain soir ?
I will send you the first cutter.
Je vous expédierai le canot-major.
May we have water sent off to us from shore ?
Pourrait-on nous envoyer de l'eau de terre ?
Our boat is adrift ; pick her up.
Notre canot est en dérive ; rattrappez-le.
" Yaw the ship to port."
" *Embardez à bâbord.*"
" Aloft, top-men."
" *En haut, les huniers.* "
Stroke oarsman.
Rameur de l'arrière qui règle la nage.
Hoist and haul aft the port foretop-mast staysail-sheet.
Hisse et borde le petit foc à bâbord.
She makes stern-way ; we are casting to starboard ; " starboard
the helm."
Nous coulons ; le navire abat sur tribord ; " tribord la barre. "
Haul in the starboard head and port after-braces.
Brasse bâbord devant, tribord derrière.
Too close ; haul aft the starboard foretop-mast staysail-sheet.
Trop près ; borde le petit foc à tribord.
Fill and trim the sails ; steady so.
Fais porter ; oriente partout ; comme çà.
What sail do you lay to best under ?
Sous quelle voilure tenez-vous le mieux la cape ?
Under the main-topsail.
Sous le grand hunier.
" A lee-lurch sent him into the lee scuppers.
" *Une arrivée l'envoya trouver ses comptes.*"
Stand by to hoist the main-topsail.
Range à hisser le grand hunier.
" Man overboard ; let go the life buoy, down helm, up courses,
well, main yard ; brace sharp up forward ; lower lee quarter
boat ; meet her."
" *Un homme à la mer ; laisse tomber la bouée de sauvetage ; la
barre dessous ; cargue les basses voiles ; comme çà la grande
hune ; orientez de près de devant ; amène le canot de l'arrière
de sous le vent ; rencontrez. "*
" Bear a hand ; clear away the gig."
" *Affale en double la yole.*"
" Man the weather main and lee mizzen topsail braces ; up
helm ; round in the weather main and mizzen topsail braces."
" *Range sur les bras du vent du grand hunier et du perroquet de
fougue souslevent ; arrive tout la barre ; brasse partout.*

Fill the sails and keep on the same tack.
Faites servir et continuez la même bordée.
Stand by to heave in stays.
Préparez à virer de bord.
We kept standing off and on all night.
Nous nous tînmes bord sur bord toute la nuit.
She made good the course.
Elle fit valoir la route.
She has gone ahead to make a landfall.
Il s'est devancé pour atterrir.
We will fetch that cape on this tack.
Nous atteindrons ce cap à la bordée.
We run too near the shore; brace back.
Nous courons trop près de terre ; masque partout.
Stations for stays; wear ship; the wind freshens; clew up the
  foresail.
Pare à virer ; lof pour lof ; le vent fraîchit ; cargue la misaine.
Mind your helm; she will be taken aback; no nigh well dyce.
Attention, timonier ; nous allons masquer, trop près, bien comme ça.
" All alive forward."
" *Les voiles du devant sont en ralingue.*"
" Clew up the mainsail; brail up the spanker."
" *Cargue la grand' voile et la brigantine.*"
" Keep on the other tack."
" *Prenez les amures à l'autre bord.*"
" When I tack to-night, I will hoist two lights."
" *Quand cette nuit, je voudrai virer, je hisserai deux fanaux.*"
" Haul your wind on the starboard tack ;" " close reef."
" *Tenez les amures au vent de tribord ;*" " *bas ris.*"
I shall keep under easy sails during the night.
Je ferai peu de voile cette nuit.
You must make more sail if you wish to keep company.
Forcez de voile, si vous voulez que nous allions ensemble.
You must shorten sail, as I cannot keep up with you.
Diminuez de voile, si vous voulez que je vous suive.
Heave to, and I will send a boat on board.
Mettez en panne, et je vous enverrai un canot.
Did she show her colors ?
Avait-il son pavillon dehors ?
What colors shall we hoist ?
Quel pavillon arborerons-nous ?
" Prepare for action."
" *Préparez-vous au combat.*"
" Clear the ship for action."
" *Branle-bas général de combat.*"
On which side shall we board that vessel ?
De quel côté accosterons-nous ce navire ?
" Lay on your oars a moment."
" *Lève rames ;*" ou, " *avirons plats un instant.*"
" Toss," (oars, in token of salute.)
" *Mâte les avirons,*" *(pour le salut d'usage.)*

"Pull together, a long stroke."
"Avant partout, ensemble nage de long."
"Look out for a line."
"Veillez la ligne qu'on vous envoye."
"Hold water-port oars."
"Scie bâbord."
"Pull starboard."
"Nage tribord."
"Back all astern."
"Scie partout ; tout à culer."
"Fend off."
"Défie."
"Give way."
"Nagez en avant."
"Are you aground ?"
"Touchez-vous ?"
"Have you sprung a leak ?"
"Avez-vous une voie d'eau ?"
"Can you stop it ?"
"Pourez-vous l'étancher ?"
We are in great distress, for we are both aground and bilged ; can you assist us ?
Nous courons les plus grands dangers, car nous sommes tout à la fois échoués et défoncés ; pourez-vous nous secourir ?
Have you any commands for the place I am going to ?
Avez-vous des ordres à me donner pour le point où je me rends ?
Where shall we meet ?
Où nous rejoindrons-nous ?
What is the matter on board your ship ?
Qu'est-ce qui se passe à bord de votre vaisseau ?
Send us a shore-boat.
Envoyez-nous un bateau de louage.
"Hoist the preparatory signal."
"Hissez le pavillon d'attention."
I see a vessel with her colors set.
Je vois un navire qui a son pavillon en berne."
"Nothing is to be had for money on shore."
"On ne trouve rien à terre."
Let us part company.
Séparons-nous.
Your consort is a swifter sailor than you are.
Votre conserve marche mieux que vous.
"Report all well when you arrive."
"A votre arrivée annoncez que tout va bien à mon bord."
I shall pass you within hail.
Je vais vous ranger à portée de voix.
The vessel I see is a pilot-boat.
L'embarcation que j'aperçois est un bateau pilote.
Has the English packet arrived ?
"Le paquebot anglais est-il arrivé ?"

I shall not have time to take leave of friends ashore; please remember me to them and make my excuses.

Je n'ai pas le temps de prendre congé de mes amis à terre ; veuillez me rappeler à leur bon souvenir, et leur faire mes excuses.

Did you avail yourself of the last opportunity to write home?

Avez-vous profité de la dernière occasion pour écrire ?

What is the name of the dead sailor on board your ship?

Comment se nomme le matelot mort à votre bord ?

Have you been visited by the board of health?

Avez-vous reçu la visite du bureau sanitaire ?

Is the hospital-ship properly ventilated?

Le vaisseau-lazaret possède-t-il des ventilateurs ?

What is the name of your vessel?

Comment s'appelle votre bâtiment ?

Are you gravely injured?

Vos avaries sont-elles considérables ?

The smuggler escaped.

Le contrebandier s'est sauvé.

We are in want of provisions.

Nous manquons de vivres.

When I have satisfied your wants, do you think you can keep at sea?

Quand je vous aurai pourvus de toutes choses, pourrez-vous tenir la mer ?

" Take your departure."

" Prenez votre point de partance."

What place did you come from last?

Quel est l'endroit d'où vous venez en dernier lieu ?

" Are you well manned?"

" *Votre équipage est-il fort en hommes ?*"

" I have been overhauled by the United States sloop of war Macedonian."

" *J'ai été visité par le Macédonien, corvette des États-Unis.*"

" Shall I commence action?"

" *Commencerai-je l'action ?*"

" Can you renew action?"

" *Pourez-vous recommencer l'action ?*"

" How many killed and wounded have you?"

" *Combien de tués et de blessés avez-vous ?*"

" Have you any ammunition left?"

"*Avez-vous des munitions de reste ?*"

Has your consort been attacked?

Votre conserve a-t-elle été attaquée ?

" Of what caliber are your guns?"

" *Quel est le calibre de vos canons ?*"

" How do you intend going into action?"

" *De quelle manière comptez-vous engager le combat ?*"

" I shall come to close action, as I have but little ammunition left. Can you spare me some?"

" *Je serrerai l'ennemi de près, parce que j'ai très peu de munitions. Pourriez-vous m'en céder ?*"

A.

Air-casing.	Chemise.
Air-pump valve.	Clapet de pompe à air.
Ash-pit.	Écran.
Alternative motion.	Mouvement de va et vient.

B.

Blade of a screw.	Aile d'hélice.
Bolt.	Boulon.
Bolt, to.	Boulonner.
Boiler.	Chaudière.
Butt of crosstail.	Collet de la mortaise du té.
"Back her."	"En arrière."
"Blow off."	"Faites l'extraction."
"Bank the fires."	"Poussez les feux au fond."
"Blow through."	"Purgez."
"Blow off the boilers."	"Videz les chaudières."
Bell-crank engine.	Mouvement de sonnette.
Blow-off cock.	Robinet d'extraction.
Bunker.	Soute.
Blower.	Ventilateur.

C.

Cushioning the piston.	Action de donner de l'avance au tiroir.
Crank pin.	Bouton de manivelle.
Crank's web.	Bras de manivelle.
Center of pressure.	Centre de pression.
Connecting gear.	Communication de mouvement.
Condenser.	Condenseur.
Cross-head.	Té.
Cylinder cross-head.	Té du piston.
Cross-tail.	Té renversé.

D.

Discharge pipe.	Tuyeau de dégorgement.

E.

Eccentric gab-pin.	Bouton de manivelle de tiroir.
Eccentric strap.	Bride excentrique.
"Ease the engine."	"Doucement."
Eduction port.	Orifice d'éduction.
Effective power.	Quantité de travail.
Escape valve.	Soupape de cylindre.

Feeding.	Alimentation.
Fire-bar.	Barreaux de grille.
Fire-box.	Boîte de feu.
Feed-valve box.	Boîte à soupape alimentaire.
"Feed the furnaces with coal."	"Chargez les foyers."
Firing ; steaming.	Heure de chauffe.
Firemen.	Chauffeurs.
Fire-place crown.	Ciel du foyer.
Foot-valve.	Clapet de pied.
"Full speed."	"A toute volée."
"Fill the boilers."	"Faites le plein des chaudières."
Feed-pipe.	Tuyau alimentaire.
Foundation plate.	Plaque de foudation.
Fire-bar support.	Support de grille.

G.

"Go ahead."	"En avant."
Governor.	Régulateur d'excentrique.
Grease-cock.	Robinet graisseur.
Gauge-cock.	Robinet jauge.

H.

Holding-down bolt.	Boulon de carène.
High pressure.	Haute pression.
Heating.	Rechauffement.
Heating surface.	Surface de chauffe.
Hot.	Chaud.
Hearth.	Atre.

L.

Load of safety-valve.	Charge de soupape de sûreté.
"Light the fires."	"Allumez les feux."
Level of water in the boilers.	Niveau de l'eau dans les chaudières.
Long D-valve.	Tiroir long.

M.

Machinist.	Mécanicien.
Mudhole.	Orifice de nettoyage.
Oil-feeder.	Burette.

P.

Paddle-wheel.	Roue à aube.
Pitch of a screw-propeller.	Pas de vis.

R.

Revive the fires, to.	Aviver le feu.
"Rake up the coals."	"Ringardez."
Rock-shaft.	Arbre oscillant.
Red heat.	Chaleur rouge.
Ring-bolt.	Cheville à boucle.

S.

Starting.	Allonge du levier du tiroir.
"Stand by below."	"Attention dans la machine."
Side-lever.	Balancier de machine marine.
Stuffing box.	Boîte à étoupe.
Safety-valve box.	Boîte à soupape de sûreté.
Slide-valve box-nozzle.	Boîte à tiroir.
Steam-chest.	Boîte à vapeur ; réservoir de la vapeur.
Steam-port.	Canal incliné.
Suction-valve.	Clapet d'aspiration.
Steam-casing.	Coffre à vapeur.
"Stand by."	"Attention."
"Stop her."	"Stoppe."
Stroke of the piston.	Coup de piston.
Sliding stop-valve.	Diaphragme.
Screw.	Hélice.
Starting bar.	Levier de mise en train.
Steam-gauge.	Manomètre.
Steam-port.	Orifice d'introduction.
Salt-gauge.	Pèse-sel.
Steam-piston.	Piston à vapeur.
Seat of a valve.	Siége du soupape.
Steam-whistle.	Sifflet à vapeur.
Safety-valve.	Soupape de sûreté.
Slide-valve.	Té de tiroir.
Short D-valve.	Tiroir court.

T.

To line up the brasses.	Caler les coussinets.
Telescope funnel.	Cheminée à longue-vue.
Trunnion journal.	Tourillon.
Tube.	Tube.
To evaporate.	Vaporiser.
To cool the bearing of a steam-engine.	Rafraîchir un coussinet.
To disconnect.	Débrayer.
To expend.	Détendre.
To put in gear.	Embrayer.
The engine works well.	La machine fonctionne bien.
To break down.	Machine brisée.

U, V, W.

Urge the fires.	Poussez les feux.
Valve-guard.	Boutoir de clapet.
Vacuum.	Vide.
Water-gauge.	Indication du niveau d'eau.

MILITARY TERMS.

Officer.	Officier.
Lieutenant general.	Lieutenant-général.
Major general.	Major-général.
Brigadier general.	Brigadier-général.
General-in-chief of artillery.	Général-en-chef de l'artillerie.
Aid-de-camp.	Aide-de-camp.
Colonel of infantry.	Colonel d'infanterie.
Colonel of cavalry.	Colonel de cavalerie.
Lieutenant colonel.	Lieutenant-colonel.
Major.	Major.
Adjutant,	Aide-major.
Captain.	Capitaine.
Lieutenant.	Lieutenant.
Colors.	Drapeau.
Corporal.	Caporal.
Grenadier.	Grenadier.
Soldier.	Soldát.
Light infantry.	Voltigeurs.
Drum-major.	Tambour-major.
Dragoon.	Dragon.
Drummer.	Tambour.
Trumpeter.	Trompette.
Gunner.	Canonnier.
Miner.	Mineur.
Pioneer.	Pionier.
Spy.	Espion.
Engineer corps.	Génie.
Riflemen.	Tirailleurs.
Sentry.	Sentinelle.
Bayonet.	Baïonette.
Musket.	Fusil.
Pistol.	Pistolet.
Bullet.	Balle.
Field-piece.	Pièce de campagne.
Howitzer.	Obusier de campagne.
Fort.	Fort.
Ditch.	Fossé.
Mine.	Mine.
Draw-bridge.	Pont-levis.
Rampart.	Rempart.
Redoubt.	Redoute.
Fortified town.	Ville de guerre.
Truce.	Trève.

www.ingramcontent.com/pod-product-compliance
Lightning Source LLC
Chambersburg PA
CBHW021458090426
42739CB00009B/1780